CONTRAINTE PAR CORPS

SES EFFETS

PAR J.-J.-D. LEP[illegible]

Ancien Notaire, Huissier du Trésor [illegible]

PARIS

IMPRIMERIE BUREAU ET C[illegible]

1853

DE LA CONTRAINTE PAR CORPS

ET DE SES EFFETS

DE LA

CONTRAINTE PAR CORPS

ET DE

SES EFFETS

PAR J.-J.-D. LEPARGNEUX,

Ancien Notaire, Huissier du Trésor Public.

PARIS

IMPRIMERIE BUREAU ET Ce, 14, RUE GAILLON

1853

AVERTISSEMENT.

Démontrer qu'il existe encore dans nos codes de regrettables lacunes; que bien souvent le créancier manque de moyens d'action pour contraindre le débiteur déloyal à l'exécution de ses engagements; que ces inconvénients peuvent cesser grâce à l'extension, en matière civile, du système de la contrainte par corps; que ce procédé judiciaire n'est pas inconciliable avec nos mœurs, mais seulement contraire à nos préjugés; que chaque jour enfin des esprits pratiques, frappés de l'impuissance à laquelle la loi est, à certains égards, condamnée, signalent l'absence et désirent l'adoption d'une mesure, non moins indispensable au développement du crédit qu'à la moralité des transactions: tel est le but de cet écrit, la pensée qui l'a dicté.

Une proposition de la nature de celle exposée dans les pages qui vont suivre, doit, je le sais d'avance, rencontrer des opposants nombreux, de puissants antagonistes, tant parmi les hommes qui obéissent à une philantropie mal calculée, que dans la classe de ceux dominés par la routine ou intéressés à maintenir le *statu quo*. Cette résistance toutefois ne saurait me décourager ; mes convictions, nées de la connaissance réelle des choses, d'une position spéciale et d'une observation journalière, faisant pour moi de la réforme dont je vais indiquer les conditions, un acte utile à la société, au commerce et même aux individus contre l'impéritie ou la mauvaise foi desquels elle est dirigée.

CHAPITRE Ier.

Un haut intérêt de jurisprudence et de philosophie s'attache à l'histoire de la contrainte par corps, à ses origines, ses développements, ses transformations; et nous eussions marqué le début de notre travail par une incursion dans le domaine du passé, si un magistrat éminent, M. le président Troplong, dans un livre dont les doctrines nous semblent en quelques points controversables, mais dont nous ne pouvons nous empêcher de reconnaître et d'admirer le mérite, n'avait, d'une manière savante et complète, décrit la filiation non interrompue de la contrainte par corps jusqu'à nos jours.

Il l'a montrée, naissant dans des âges où l'insolvabilité était assimilée au crime; faisant partie en Egypte, en Grèce, à Rome, chez les Germains et chez les Francs, du bagage judiciaire de l'antiquité. Ici, le peuple hébreu punit le contractant insolvable par la vente de sa personne et de ses enfants; là, dans l'ancienne Grèce, le débiteur tenu en servitude est rayé de la liste des citoyens et aliéné comme une chose. En Egypte, à défaut du vivant, on fait le procès au cadavre. L'esclavage pour dettes a aussi son règne en Italie. Si dans certains cas, l'avidité patricienne s'en empare, pour le convertir en moyen de domination, le plus souvent il est rendu nécessaire par les vices publics et par les besoins sans mesure, inséparables d'un peuple avancé.

Une longue lutte s'établit entre une civilisation tolérante et une logique implacable; l'une, qui voit dans la personne un patrimoine inaliénable, le bien de l'état, de la famille et du ciel; — l'autre, qui trouve dans l'oubli de la foi promise le mépris des dieux, la violation du pacte social, l'avilissement comme la ruine de la nation, et qui, livrant au créancier les ossements même du débiteur, exerce encore ses rigueurs contre ce dernier par la flétrissure qu'elle imprime à ses proches.

La contrainte par corps, chez les Grecs et chez les Romains, revêtit deux formes: volontaire et judiciaire.

La première, *nexum*, (la convention) consistait dans l'aliénation facultative que le débiteur faisait de sa personne et, par suite, de ses biens à son créancier, jusqu'à ce que celui-ci se trouvât entièrement désintéressé.

La seconde, *addictio*, (le jugement) constituait une sorte d'expropriation judiciaire de la liberté personnelle et des ressources du débiteur au profit du créancier, qui acquérait ainsi sur le premier une autorité sans limites, un droit de vie et de mort.

Ces coutumes, dont la rigueur étonne l'esprit et offusque jusqu'à un certain point la raison, s'explique par le respect profond que les Romains nourrissaient pour la foi jurée. Un engagement était pour ce peuple, illustré par de mâles vertus, chose trop sainte pour qu'on en fût délié par l'abdication de la liberté et même par la perte de la vie. A Rome, comme en Egypte, le corps du contractant décédé était encore le gage du créancier, et c'est seulement, après paiement complet de la dette, que la famille pouvait en recouvrer la possession et se soustraire de la sorte au mépris, réservé aux citoyens qui laissaient leurs pères ou leurs parents sans sépulture.

De tels faits peuvent aujourd'hui paraître, à quelques égards, empreints d'une sévérité voisine de l'absurde. Ils avaient pourtant leur moralité, et sous un rapport, du moins, étaient supérieurs à la législation qui nous régit. En effet, par plusieurs de leurs dispositions, nos lois, du reste si intelligentes, si sensées, si intimement appropriées aux sentiments de la justice et de la nature, tendent à relâcher les liens du sang, au lieu de les resserrer et de les affermir. N'en est-il pas ainsi de la faculté qu'un fils possède, de renoncer, s'il le juge convenable, à l'héritage paternel ou de l'accepter seulement sous bénéfice d'inventaire?

Sans doute, en plus d'une circonstance, cette faculté protège et sauvegarde des intérêts légitimes, mais combien de fois ne favorise-t-elle pas la cupidité au détriment de la piété filiale ? Combien d'enfants, pour lesquels leur père s'est endetté, auxquels il a dû sa ruine, profitant des tolérances de la loi, laissent ses engagements en souffrance, bien que leur position leur eût aisément permis d'épargner cette flétrissure à sa tombe et de racheter l'honneur commun ?

Situation véritablement inouie, qui attribue à l'héritier les éventualités favorables et le désintéresse des chances mauvaises ! Mesure sans prévoyance, qui met aux prises la voix du sang et celle de l'intérêt, et ne fait plus d'un devoir qu'une spéculation ! N'y a-t-il pas, enfin, quelque chose de scandaleux à voir journellement des individus, richement établis aux dépens des créanciers de leur père, étaler un luxe insultant devant des malheureux à la spoliation desquels il est dû ?

Il serait, suivant nous, juste et nécessaire de modifier à cet égard la législation des successions, ou d'établir la disposition naguère en vigueur dans le canton de Genève, qui écartait légalement des hautes fonctions de la magistrature et du gouvernement les fils d'hommes décédés en état de faillite ou de déconfiture, tant que les dettes du mort n'étaient point acquittées et sa mémoire réhabilitée.

L'histoire est là pour démontrer, que raviver ainsi, par la puissance des lois, le sentiment des solidarités domestiques, est l'un des moyens les plus efficaces de rapporter à la Patrie, cette grande famille, les fortes vertus qui ennoblissent les sociétés. Quand, à Rome, ce sentiment vint à s'affaiblir; que le respect de la foi jurée disparut; lorsque chacun voulut se soustraire à la pénalité qui assurait l'exécution des engagements; quand la fraude put se cacher à l'ombre des lois, c'en fut fait, comme on le verra plus loin, de la fortune de l'empire et de la grandeur du nom romain : la décadence commença. Aux jours de sa simplicité primitive, Rome n'avait entendu aucun citoyen se plaindre des rigueurs d'une législation rarement appliquée d'ailleurs, et qui n'atteignait guère que les hommes sans position sociale ou déjà discrédités. Ce fut seulement quand les Romains, victorieux, eurent apporté dans la ville éternelle les coutumes, les mœurs et les richesses des vaincus, que le *nexum* et l'*addictio* trouvèrent un large champ d'applications, que leur utilité moralisatrice se révéla et que leur riguenr se fit sentir.

Enervés par leurs triomphes, familiarisés avec le faste, pleins de besoins nouveaux, qu'ils se trouvaient, le plus souvent, impuissants à satisfaire, les Romains dégénérés recourraient alors à des emprunts qu'une vie ruineuse et des habitudes de dissipation ne leur laissaient pas toujours la possibilité de rembourser. L'*addictio* fut un frein salutaire opposé à ce débordement de folles dépenses et au relâchement de la moralité publique.

Mais comme l'humanité obéit éternellement aux mêmes instincts, et qu'à ces lointaines époques, ainsi que de nos jours, certains hommes ne voulaient prendre des lois que ce qui pouvait favoriser leurs vices ou leurs intérêts, les individus qui se trouvaient, soit personnellement, soit par leurs proches, sous la menace de la contrainte, s'efforcèrent d'obtenir l'annulation de cette règle des lois romaines.

Des consuls et même des empereurs ne craignirent pas de porter la main sur cette législation protectrice, liés qu'ils étaient par les engagements, contractés lors de leur avènement au pouvoir, envers ceux qui leur avaient donné la chaise curule ou le trône : en plusieurs occasions, ils prononcèrent l'annulation des dettes et déchargèrent de la contrainte leurs créatures et leurs cliens.

Mais tout en détruisant l'intégrité de la législation, tout en frappant, en quelques cas, d'inertie la contrainte par corps, ces empereurs et ces consuls ne contestèrent jamais ni son efficacité ni sa justice : ils n'osèrent attaquer son principe, sachant très-bien que cet énergique procédé judiciaire était la seule puissance capable de maintenir l'honnêteté publique et le crédit, au sein d'une société parvenue au point culminant de la civilisation.

Et, en effet, malgré les rigueurs dont elle s'était environnée, malgré les passions et les efforts des hommes puissants dont elle contrariait l'indépendance, cette disposition légale devait survivre au renouvellement des sociétés, être adoptée et appliquée, en toute matière, par les nations qui s'établirent sur les ruines de l'empire romain, traverser les ténèbres du moyen-âge et figurer sur les codes contemporains.

En Allemagne, pays de mœurs douces ; en Angleterre, pays radicalement libéral et philantropique ; en Amérique, pays vierge et républicain, sans antécédents, sans préjugés, sans mœurs établies, pouvant dès-lors prendre à la législation de chaque peuple ce qu'elle avait de plus parfait ou de moins défectueux, la contrainte par corps, admise comme règle générale et comme loi coërcitive, en matière commerciale et civile, semble tellement un droit naturel, dérivant nécessairement de l'obligation contractée, qu'en Angleterre, notamment, un créancier peut, sans même être porteur d'un jugement, en vertu d'un titre privé ou d'une ordonnance judiciaire, faire incarcérer son débiteur.

En France, ce moyen d'action fut pratiqué sans interruption jusqu'en 1667, c'est-à-dire jusqu'à l'avènement de l'esprit philosophique, qui peut-être n'a pas détrôné plus d'erreurs que de vérités.

CHAPITRE II.

« Il faut, a écrit Montesquieu, que les lois pénales d'un peuple soient en rapport avec ses mœurs et ses penchants. »

C'est là une vérité sensible : suivant les temps et les peuples, des effets très différents résulteraient d'une pénalité uniforme. La peine de mort, effroi suprême des sociétés douces et pacifiques, n'agit que faiblement sur l'esprit de populations guerrières, façonnées au péril, et qui jouent chaque jour leur vie. Pour qu'une loi soit efficace et féconde, il faut incontestablement qu'elle tienne compte de ces nuances, qu'elle s'approprie à ces diversités ; qu'elle atteigne l'individu dans ce qu'il a de plus vulnérable et de plus précieux.

Vrai pour les lois pénales, ce principe l'est encore pour les lois de coërcition ; on le retrouve appliqué, comme nous l'avons vu, à l'origine des institutions romaines, dans le *nexum* et *l'addictio*. Le législateur, en décrétant ces garanties judiciaires, prévit, pour ainsi dire, la pensée de Montesquieu ; il comprit tout ce que le gage, fourni au créancier par l'aliénation de la liberté personnelle du débiteur, devait avoir d'influence pour créer le crédit, affermir la foi jurée, imprimer dans les mœurs la notion, l'habitude et la religion de la probité.

Ces mesures devinrent encore plus opportunes lorsque la fortune de Rome atteignit son apogée ; elle avait tout conquis, tout obtenu, tout perfectionné : heure périlleuse ! car la civilisation a ses bienfaits et ses maux ; plus l'esprit se développe et plus les passions sont agissantes, les convoitises immodérées, les appétits tyranniques : l'homme, alors, fait trop souvent servir à la satisfaction de désirs irréfléchis et coupables, l'accroissement de ses facultés.

A ce péril, que la civilisation apporte avec elle, il est donc essentiel d'opposer une barrière suffisante : il faut prévenir, par des lois intimidatrices, des écarts funestes, et faire en sorte que le progrès intellectuel des sociétés n'augmente pas l'immoralité, en lui créant d'ardentes excitations et de plus amples facilités ; il faut, en un mot, que la société jouisse des bienfaits de la civilisation sans en subir les inconvénients.

Ce fruit et cette répression doivent, nous l'avons dit, atteindre l'individu dans sa fibre la plus sensible ; le forcer, par la crainte, à calculer avec lui-même, à équilibrer constamment son avoir et ses dépenses, à sauvegarder le lendemain, à ne contracter, en un mot, que des engagements réalisables.

La contrainte par corps admise, sans restriction et sous toutes les formes, peut conduire à ce résultat, ainsi que nous nous appliquerons, dans les divers chapitres de cette brochure, à le démontrer ; puisqu'elle frappe dans ce qu'il a de plus cher le débiteur de mauvaise foi, l'étreint invinciblement, et lui enlève, en dernier lieu, avec la confiance publique, l'arme dont il abusait impunément dans l'ombre.

Nous aurons plus loin l'occasion de faire voir, avec développement, que c'est surtout, dans les grands centres de population, qu'une telle action s'exercerait avec utilité et succès ; car c'est là que viennent incessamment s'agglomérer les chevaliers d'industrie des départements, et que tout moyen de contrôle demeure pour ainsi dire impossible.

La même situation n'existe pas dans les petites

localités et les campagnes, où toutes les fortunes sont connues, tous les intérieurs à jour; les besoins plus limités; où la civilisation moins avancée rend l'esprit moins subtil; où, enfin, les ressources du débiteur sont à la merci du créancier qui peut les atteindre directement.

On peut, par conséquent, conclure que, si dans les grandes villes, là où la civilisation a son empire et sa principale représentation, la loi a besoin d'être armée de toutes ses rigueurs, les éléments de coërcition judiciaire doivent être, dans un pays, appropriés à son essor civilisateur et accroître, en proportion du degré où il est arrivé, leur énergie et leur puissance.

CHAPITRE III.

On a élevé contre la contrainte par corps une triple objection : on a dit que ce moyen judiciaire était irréligieux, barbare, inutile;

Irréligieux, parce qu'étant une émanation divine, la liberté est, comme la vie, inaliénable; qu'on ne saurait ni l'engager ni l'enchaîner, sans empiéter sur les droits de Dieu;

Barbare, puisqu'il prive l'homme de ses facultés actives et le sépare de ses affections;

Inutile, et surtout en matière civile, parce que la loi pénale est là pour suppléer au droit commun.

On peut, à la première objection, et en admettant même le principe posé, répondre que l'homme en société ne saurait vivre comme s'il était à l'état de nature. Dieu ne l'a pas créé assez parfait pour qu'il puisse se diriger par ses seuls instincts, apprécier et respecter de lui-même les limites du droit d'autrui, qui parfois l'offusquent où le blessent : il est nécessaire, en un mot, pour qu'il jouisse en sûreté d'une partie de ses droits et de ses biens, qu'il sache abdiquer l'autre, dans l'intérêt collectif de la société.

Les adversaires que je combats ont eux-mêmes proclamé la nécessité de la contrainte par corps, en matière pénale, commerciale, et aussi, dans certaines circonstances, en matière civile ; ils ont dès-lors, reconnu, en fait, que le principe d'inaliénabilité de la liberté humaine était modifiable par des considérations d'intérêt général et particulier ; dans quatre cas sur cinq, ils ont admis des exceptions à ce principe : or, si nous réussissons à leur démontrer que le cinquième est encore plus important, ils n'hésiteront plus certainement à considérer la contrainte comme une conséquence absolue de toute obligation soit civile, soit commerciale.

Nul ne peut nier sans doute que la liberté ne soit un inappréciable bien ; mais tout esprit sensé comprendra que ce bien a ses bornes, déterminées par le droit spécial et le respect des lois.

« Il n'y a pas, dit M. Troplong, de droit de « l'homme qui ne trouve sa restriction et ses limi« tes dans quelque obligation corrélative, dont l'ac« complissement importe à la société ou à des tiers ; « et quiconque manque au droit des autres engage, « par là, envers eux son propre droit.

« Celui-là qui a donné sa foi et qui l'enfreint vo« lontairement, mérite d'être atteint par une co-ac« tion, restrictive de ses droits de propriété ou de « liberté. »

Un individu qui contreviendrait à des obligations envers la société serait inévitablement soumis aux lois pénales qui seraient alors des lois de répression : pourquoi donc un moyen de co-action n'atteindrait-il pas la personne et la liberté de l'homme qui viole des engagements volontairement contractés envers les tiers, qui ont pu lui abandonner une partie de leur fortune, alors surtout que les tiers lésés n'ont d'autre ressource que ce moyen extrême pour assurer l'exécution de la foi jurée, et, du même coup, sauvegarder l'honnêteté publique ? Ne serait-ce pas d'autant plus rationnel et plus juste que si les devoirs sociaux sont imposés, les obligations sont volontaires et qu'elles doivent être dès-lors plus sacrées ?

Il est une chose supérieure à tous les biens,

c'est l'honneur. Permettre à un homme de se déshonorer par des actes déloyaux, sans lui ravir la liberté, ce n'est lui accorder, que le triste avantage de promener publiquement sa honte, ce qui fait non-sêulement de cette situation un lourd fardeau pour celui qui la subit, mais constitue en outre, un péril social, car elle acclimate l'homme avec le mépris et l'encourage à braver les lois.

Quant à l'accusation de barbarie adressée à la contrainte, elle ne nous semble pas mieux fondée. Une fois pour toutes, il importe de s'entendre sur les mots, et de ne plus abriter des préjugés sous le manteau d'idées vagues et retentissantes. La sensiblerie n'est pas plus l'humanité qu'un masque n'est une figure, une caricature un portrait. Je le demande, quelle sympathie l'opinion peut-elle et doit-elle accorder non-seulement à l'emprunteur de mauvaise foi qui contracte une dette, sachant ne pouvoir l'acquitter, mais encore, à celui qui, capable de se libérer intégralement ou partiellement, profite des facilités légales pour frustrer le prêteur confiant? Où est, en bonne morale, la ligne de démarcation entre cet escroc impuni et le voleur qu'atteint la pénalité des tribunaux ?

Les statistiques de la prison pour dettes démontrent d'ailleurs que l'exercice du droit de contrainte, loin de légitimer un reproche de barbarie, s'exerce avec une extrême réserve puisqu'en définitive, il n'entre, chaque année, à Paris à la prison pour dette, sur environ quatre-vingt mille condamnations que quatre cents condamnés qui n'y séjournent pas, terme moyen, au-delà de soixante jours.

Il serait également facile de prouver aux légistes qui déclarent la contrainte par corps inutile en matière civile, parce que, disent-ils, la loi pénale peut la suppléer, que ce point de vue manque à son tour de justesse et de réalité.

Chacun le sait, notre législation pénale est de droit étroit, et si, toutes les circonstances indiquées pour l'existence du délit dans les définitions de la loi, ne caractérisent pas les différents cas soumis à l'appréciation et aux arrêts de la justice, les magistrats tout en flétrissant de leur blâme les actes déshonnêtes qui leur sont déférés, sont dans l'impossibilité d'appliquer une peine.

On ne doit pas non plus oublier que les industriels, les escrocs, les gens sans moralité et sans aveu ont de la législation qui les touche une connaissance approfondie ; qu'ils étudient avec soin et savent avec exactitude les limites où s'arrête la loi civile, où commence la loi pénale.

Une autre remarque est à faire : dans le système qui prétend suppléer par la loi pénale l'action civile, on pousse de vive force l'emprunteur à illusionner le créancier sur ses ressources, et par suite à tomber sous le coup d'une flétrissure correctionnelle.

En effet, sans la garantie de la contrainte par corps, le débiteur est tenu de fournir au prêteur des gages apparents de solvabilité ; ce qui le conduit, lorsque ces conditions n'existent pas, à recourir à des fraudes justiciables de la loi pénale. Avec la contrainte, au contraire, le prêteur, moins exposé en raison de l'action personnelle qu'il peut exercer, se contente d'assurances moins péremptoires, et, rendu ainsi plus accessible aux transactions, n'oblige pas en quelque sorte son débiteur à imaginer, pour arriver à ses fins, des stratagèmes sans loyauté.

Ces vues qui, *a priori*, paraissent quelque peu spéculatives ont, lorsqu'on approfondit sérieusement les circonstances qui président aux engagements, et surtout pour les hommes qui vivent au sein des affaires, une base tout à fait expérimentale.

Ainsi, bien loin d'être, sous ce rapport, un moyen qui blesse l'humanité, la contrainte par corps prémunit le débiteur contre des entraînements repréhensibles, en lui montrant par avance l'aliénation de sa liberté comme une inévitable conséquence s'il ne remplit pas ses obligations.

Il est facile de comprendre, d'ailleurs, que cette substitution de la loi pénale à la loi civile a des résultats d'une déplorable gravité, dans les cas où la protection des intérêts du créancier rend l'action de la première indispensable, puisqu'un individu, atteint correctionnellement, dans la presqu'impossibilité d'effacer cette tache judiciaire, devient en genéral, l'ennemi de la société qui le repousse. Mais la contrainte par corps ne constitue pas réellement une flétrissure : la détention pour dette n'est pas la prison; elle ne porte pas atteinte aux droits du citoyen qui, en payant, se délivre et recouvre le plein exercice de ses facultés; le détenu, en un mot, n'est qu'un gage, non un condamné.

Quoiqu'il en soit, Montesquieu, M. Troplong, et avec eux bon nombre d'hommes éminents ont admis la contrainte par corps, comme agent coërcitif, en matière fiscale, en matière commerciale et aussi en matière civile, pour stellionat et dommages et intérêts. Cette dernière délimitation comporte évidemment une lacune : en effet, pourquoi ces limites et les restrictions qui en ressortent? Le moyen est bon ou il est mauvais: dans le premier cas, il faut que tout le monde en bénéficie; dans le second, il doit être effacé radicalement de nos lois.

Nous avons dit que la contrainte par corps, qui subsista régulièrement chez nous jusqu'au XVIIe siècle, était, en Angleterre, en Allemagne, en Amérique, solidement enracinée dans les habitudes nationales et les institutions, tandis qu'elle fut en France l'objet d'oscillations nombreuses et d'incomplètes applications.

A quoi faut-il imputer cette différence ?

Les mœurs et les besoins de ces peuples sont, dans leur ensemble, identiques aux nôtres; un même niveau civilisateur nous rapproche, ou s'il existe une dissemblance, elle n'est pas à notre avantage, et ne rendrait la contrainte par corps que plus indispensable à nos lois; force est, en un mot, d'avouer que nous ne passons pas en Europe pour la nation individuellement la plus scrupuleuse en fait d'engagement.

La vraie cause de cette divergence consiste dans notre versalité nationale, nos tendances aventureuses et cet esprit mobile d'où naissent périodiquement les révolutions. Ces bouleversements, qui ne sont sans pas sans doute l'expression du sentiment général, mais que la centralisation favorise, s'exécutent à Paris sous l'impulsion d'une foule d'hommes qui s'y accumulent, faute de pouvoir cacher, aussi aisément ailleurs, les déshonorantes traces d'un passé suspect. La capitale se trouvant être le centre unique de toutes les grandes administrations, de tous les pouvoirs, de toutes les forces vives du pays, ces individus, élevés au sommet par le flux de l'émeute, s'emparent sans effort des rouages gouvernementaux, paralysent en dehors d'eux tout mouvement et imposent aux départements, isolés dans leur résistance, leurs exigences et leurs volontés.

Si l'on réfléchit maintenant que les révolutions sont d'ordinaire faites par ceux et pour ceux qui n'ont pas, contre ceux qui possèdent, on concevra que les mesures judiciaires et légales dont les mouvements politiques s'accompagnent, soient toujours prises dans l'intérêt et sous la pression irrésistible des aventuriers qui les ont fait naître : ce qu'il y a de positif, c'est que les restrictions imposées à la contrainte par corps ont constamment suivi les mouvements révolutionnaires.

Ainsi, la convention nationale abolit, le 9 mars 1793, la contrainte en matière civile, et 55 ans plus tard, à pareil jour, le 9 mars 1848, le gouvernement provisoire couronne l'œuvre en suspendant par un décret l'action corporelle en matière commerciale,

A la verité, ce n'est pas seulement parmi les fauteurs de révolutions que ce mode de garantie trouve des adversaires, probablement parce qu'il est dans son essence de restreindre leur nombre : des mobiles, également dangereux, mais plus honorables ; un puritanisme exagéré, et les incitations de l'esprit de parti ont, à cet égard, une part à revendiquer. Le désir de popularité a aussi donné des ennemis à la contrainte. Combien peu pourtant de ces défenseurs publics de l'inviolabilité humaine tiennent compte, dans l'exercice de la vie privée, de la liberté d'autrui ! Combien prennent à gages des hommes de mérite nécessiteux, et dont ils font, à leur profit, fonctionner l'intelligence pour un peu d'argent ! Combien, pour soustraire leurs enfants à la conscription, ont acheté à des individus besogneux leur indépendance, leur sang, quelquefois leur vie ! Combien d'entr'eux, enfin, charlatans humanitaires, deviennent pour leurs intérêts personnels des créanciers rigoureux, ne reculant devant aucune mesure pour le sauvegarder, pas même devant la contrainte par corps !

Avec moins de discrétion, nous pourrions faire surgir à cet égard de nos dossiers des témoignages irrécusables : ils nous fourniraient des pouvoirs libellés au nom de gardes de commerce par des philantropes bien connus, qui n'ont pas cru faillir aux principes qu'ils avaient préconisés en signant à leurs débiteurs une feuille de route pour Clichy : ce qui démontre une fois de plus que les meilleures raisons apparentes et les plus belles théories ne valent souvent rien dans la pratique et demeurent inexécutables.

CHAPITRE IV.

M. Troplong assure, après Perthuis, que la contrainte par corps est ignominieuse, qu'elle stigmatise celui qui manque à la foi promise, et compromet nécessairement son avenir.

« Cet homme, dit le savant publiciste, n'est pas un bon père de famille, il mérite d'être noté ; il ne peut plus espérer ni confiance ni crédit, à moins que par une vie honnête et laborieuse et par des preuves réitérées de probité, il ne rétablisse ses affaires et sa réputation. »

La situation faite, d'après l'exposé de M. Troplong, à l'individu qui s'est laissé exproprier dans sa liberté, est identiquement la même que celle du débiteur exproprié dans ses biens; les poursuites exercées indiquant également, dans les deux cas, le défaut d'accomplissement par le débiteur des obligations souscrites. Ce serait donc un premier tort déjà que d'appliquer exclusivement l'imputation d'ignominie à la contrainte par corps, puisque cette qualification pourrait s'adapter au même titre à tout genre de poursuites qui met à jour l'inexécution des engagements contractés, et qu'il faudrait dès lors, par une conséquence nécessaire, rayer de nos codes tout ce qui a trait à l'exécution des biens et de la personne des débiteurs.

Mais, indépendamment des considérations que nous avons émises, la qualification admise par l'éminent jurisconsulte est incontestablement exagérée: nous avons essayé de faire voir que l'emprisonnement pour dettes, dans l'état de nos mœurs, ne constituait pas une flétrissure : l'individu qu'on y a soumis n'est pas, à proprement parler, déshérité de l'estime publique : il est visité, pendant sa détention, et reçu, après sa sortie, par ses connaissances et ses amis. La continuation des rapports qu'on a pu former avec lui ne semble pas compromettante ; il ne possède plus sans doute sa robe d'innocence, mais il conserve son droit social : une seule chose reste atteinte, irremédiablement peut-être : c'est son crédit.

Toute autre serait la position du détenu pour dettes si la contrainte par corps revêtait un caractère infâmant. Nos maisons de détention, et même nos simples prisons préventives, en offrent le témoignage. Le détenu y voit à peine, à de longues distances, les membres les plus proches de sa famille. Ses connaissances s'éloignent ; ses amitiés s'évaporent : la seule prévention imprime à sa vie, par un préjugé fatal, une tache que la libération, c'est-à-dire la constatation d'honnêteté, ne suffit pas toujours pour effacer : on évite en public l'hôte, même innocent, d'une prison ; on ne le fréquente que timidement ; on ne le reconnaît que dans l'ombre.

La législation, en créant la contrainte par corps, n'a pas rigoureusement voulu édicter une peine, mais fixer, par cette disposition, un temps d'épreuve qui permît d'étabir si l'incarcéré avait ou non des ressources occultes qui pussent servir à l'acquit de ses engagements.

La loi, d'ailleurs, ouvre une issue au débiteur probe et malheureux pour échapper à la contrainte : c'est la faillite, s'il est commerçant; et s'il ne l'est pas, la cession de biens.

De cet ensemble d'observations, on peut conclure, suivant nous, que la contrainte par corps ne froisse ni nos susceptibilités, ni nos mœurs. Elle s'y adapterait, au contraire, si intimement qu'elle a pu, en dépit des attaques dirigées contre elle depuis 1793 par plusieurs économistes et par de nombreux intéressés, se maintenir parmi nous :

En matière fiscale, pour amendes dues à l'Etat;

En matière commerciale ;

Et en matière civile, dans des cas déterminés, tels que :

Restitution de dépôt nécessaire;

Délaissement de fonds usurpé et restitution de fruits ;

Restitution de sommes par des préposés publics ;

Représentation par les séquestres et gardiens d'objets confiés à leur garde ;

Cautionnement judiciaire ou d'un contraignable avec soumission à la contrainte ;

Représentation par les officiers publics de leurs minutes.

Restitution par les officiers ministériels des pièces dont ils sont dépositaires ou des fonds par eux perçus au nom de leurs clients;

Restitution par les fermiers des cheptels qui leur ont été confiés et pour le paiement des fermages alors que le fermier s'est soumis à la contrainte;

Enfin, pour dommages-intérêts.

On admet encore le principe de la contrainte et son application au profit de l'Etat pour les dépends les plus minimes. Cette rigueur est motivée, dit-on, par les *droits sacrés* du Trésor public. Mais ces droits sont-ils plus respectables et plus précieux que ceux des particuliers? Nous ne le pensons pas. N'est-il pas d'ailleurs évident que les derniers ont à souffrir de plus graves inconvénients que l'Etat quand ils ne peuvent récupérer leurs créances, et que le Trésor, malgré la légitimité fondamentale de son action, ne saurait exercer contre eux que des poursuites vexatoires, s'ils n'ont eux-mêmes légalement un moyen énergique pour rentrer en possession des subsides qu'ils sont tenus de lui fournir?

Allant plus loin, on peut, au point de vue de l'équité, considérer les droits individuels comme plus intéressants que ceux de l'administration publique.

L'Etat, en effet, a la possibilité, quand une ressource lui fait défaut, de la suppléer par d'autres. La perte se trouve alors répartie sur l'universalité des citoyens, et la part de chacun est imperceptible. Il en est autrement pour le particulier: si une ressource lui manque, presque toujours, elle le réduit à une impuissance absolue et consomme sa ruine, car elle était son unique avoir.

Ce qui prouve que le droit de l'Etat n'est pas, dans l'opinion du moins, assimilable à celui des particuliers, c'est que, justifiable ou non en morale, on voit chaque jour des individus, favorablement posés dans l'estime publique, frauder le Trésor sans le plus léger scrupule, en dissimulant, par exemple, le prix réel de la vente ou le véritable produit d'un immeuble, afin d'éluder ainsi le paiement des droits de mutation fixés par la loi. Il est en même temps manifeste que les hommes qui se rendent coupables de cette fraude n'auraient jamais l'idée de s'approprier une part, si faible qu'elle fût, de la fortune d'un particulier.

Que cette argumentation soit reconnue juste, et la conclusion sera facile à tirer. Si les droits privés sont aussi sacrés que les droits publics, et si, pour opérer ses recouvrements, l'Etat trouve bon l'exercice de la contrainte par corps, naturellement, la loi doit octroyer aux particuliers, pour effectuer les leurs, la même arme à l'égard des débiteurs récalcitrants.

Ce mode de co-action est non-seulement dans nos mœurs, il est encore dans nos tendances, et tellement conforme aux nécessités de l'état social, qu'il s'introduit dans les transactions civiles malgré la restriction des codes et la vigilance des magistrats : résultat dû évidemment, d'ailleurs, au mouvement d'impulsion qui emporte les idées actuelles vers l'industrie ; à l'extrême division des fortunes, qui amène de fréquents changements dans les positions, et au besoin de crédit qui se fait universellement sentir.

L'utilité de la contrainte tient aussi à ce que le contractant, qui cautionne ses engagements de sa liberté, donne ainsi au prêteur un surcroît de sécurité ; à ce que l'aliénation de soi-même est un gage dont tout le monde dispose ; à ce qu'enfin la contrainte, par sa vertu intimidatrice, conduit presque immédiatement le créancier, dans les neuf dixièmes des cas, à l'exécution du compromis : au paiement.

Telle est l'opportunité radicale de ce procédé judiciaire, que fréquemment des personnes exemptes de la contrainte par position, mais qui veulent offrir à leurs créanciers de plus complètes garanties ou qui n'en possèdent pas d'autres, s'y soumettent d'elles-mêmes, en éludant le bénéfice de la loi par la création de valeurs fictives.

Toutefois, les débiteurs qui ont contracté ces

engagements de mauvaise foi, réussissent, fréquemment aussi, à s'y soustraire en invoquant avec succès la loi même qu'ils avaient fraudée : faits honteux, que les magistrats, liés par la lettre et l'esprit du Code, sont dans la dure nécessité de sanctionner !

Violation des engagements; mépris des lois, qu'on invoque quand elles peuvent procurer un avantage, qu'on élude lorsqu'elles peuvent nuire ; par suite, relâchement de la morale et des liens sociaux, telles sont les conséquences auxquelles ces dangereuses facilités vont aboutir.

CHAPITRE V.

D'importantes considérations ont été émises pour motiver en principe l'adoption de la contrainte par corps et les exceptions apportées à son application.

En matière fiscale, on a remarqué que les amendes prononcées, punissant des contraventions qui rentrent dans le domaine des lois afflictives, le refus de paiement de ces amendes et des frais accessoires constituait une transgression spéciale tombant, par un lien évident et une conséquence nécessaire, sous le coup de la pénalité.

Montesquieu et M. Troplong sont, en matière commerciale, partisans de la contrainte par corps.

» Parceque, les négocians, dit Montesquieu, étant obligés de confier de grandes sommes pour des temps souvent fort courts, de les donner et de les reprendre, il faut que le débiteur remplisse toujours ses engagements à époque fixe.

» Dans cette matière, qui dérive du commerce, la loi doit faire plus de cas de l'aisance publique que de la liberté d'un citoyen. »

M. Troplong corrobore ces observations par les développements qui suivent :

» Dans les matières commerciales, ajoute-t-il, ce n'est pas la propriété d'un seul qui est en présence de la liberté d'un seul.

» Le crédit commercial est comme une chaîne, dont un anneau se lie à un autre anneau, jusqu'à ce que de proche en proche on remonte au point de départ.

« La confiance et le crédit sont les meilleurs fonds d'une banque.

« Dans le commerce, nul comptoir n'est isolé, le crédit du négociant créancier se lie à vingt autres négociants qui seront compromis par le contre-coup de ses mauvaises affaires.

« Qu'un négociant ne soit pas payé à l'échéance convenue ; que des rentrées ne s'effectuent pas par le fait de ses débiteurs, le voilà compromis, ébranlé, débiteur lui-même : il ressent une gêne qui réagira sur ses correspondants, et vingt comptoirs peut-être seront paralysés avec le sien par le fait de celui qui aura manqué à ses promesses.

« Le crédit commercial a donc des caractères qui en font une branche du crédit public ; il a besoin d'une loi de salut public pour marcher sans embarras et sans secousses.

« Cette loi, c'est celle de la contrainte par corps, atteignant le débiteur téméraire qui ne répond pas à l'appel suivant ses engagements.

« Cette loi est d'autant plus nécessaire que les affaires commerciales marchent avec une rapidité qui exclut toutes ces précautions minutieuses dont le droit civil offre l'arsenal.

« On traite de confiance entre négociants ; on contracte entre absents ; le renom de la personne remplace les garanties hypothécaires du droit civil.

« Si donc la nécessité oblige à tant accorder à la personne, la personne, à son tour, ne doit rien refuser de ce qui doit donner loi à ses paroles.

« Enfin, n'est-ce rien que de tenir à la disposition du crédit un moyen qui a une si grande vertu comminatoire, disait Démosthène, qu'il fait souvent payer par crainte ce que l'on ne paierait pas de bonne foi ? »

Pour expliquer, en matière civile, son opposition à la contrainte , Montesquieu nous semble avoir usé d'arguments plus spécieux que convaincants. Les raisons majeures qui portent à sacrifier la liberté d'un individu à l'aisance de tous et qui, en matière commerciale, rendraient légitime ce moyen de co-action, ne se rencontrent pas, suivant lui, dans les cas civils où n'existe aucun enchaînement, où chaque contrat de débiteur à créancier, au lieu de s'étendre à une série d'intérêts, demeure un fait isolé, sans ramifications et sans contrecoups : il objecte enfin qu'on doit considérer la liberté d'un citoyen comme plus respectable que l'aisance d'un autre.

Moins opposé sous ce rapport que Montesquieu au principe de la contrainte, M. Troplong vient en aide pourtant à sa doctrine, en faisant observer que tout, dans les transactions civiles, s'accomplit avec réflexion : les garanties y sont ou y peuvent être stipulées ; la position du débiteur est exactement connue ; le créancier sait en un mot, à quelles chances il est exposé.

Cette manière de voir n'est pas la nôtre, et nous croyons la contrainte par corps aussi nécessaire pour les cas où, vu l'état actuel de notre législation, elle n'existe pas, que pour ceux dans lesquels elle est admise.

M. Troplong a justement comparé le crédit commercial à une chaîne dont tous les anneaux se tiennent et qui cesserait d'être à l'instant si l'un d'eux venait à se rompre.

Mais en regardant aux deux extrémités de cette chaîne, d'un côté, on rencontre le capitaliste qui livre ses fonds à l'industriel pour soutenir et faire fructifier ses opérations ; de l'autre, le petit marchand qui détaille les produits de l'industrie, représentant à la fois et la première mise de fonds du banquier au moyen de la transformation qu'elle a subie en passant dans plusieurs mains, et le bénéfice de chacun de ceux qui ont participé à ces produits.

Or, pour que l'avance, primitivement faite par le capitaliste, revienne à sa caisse et puisse favoriser des opérations nouvelles ; pour que chaque individu qui a coopéré à la création et au placement des marchandises, puisse recevoir la rénumération de ses soins, il faut nécessairement que le fabricant, ce deuxième anneau de la chaîne, le négociant ou le commissionnaire qui s'est interposé, se trouvent en mesure de rembourser les avances, ce qui ne saurait avoir lieu que si le marchand en gros a fidèlement, à l'époque déterminée, acquitté entre ses mains le prix de ses produits. Le marchand en gros, à son tour, ne pourra couvrir ses engagements que si le marchand en détail n'a point, à son égard, failli aux siens.

Chacun des intéressés a contre l'autre une action prompte et suprême : la contrainte ; mais là s'arrête dans le système actuel, l'anneau commercial.

Il en résulte cette monstruosité qu'il existe au

profit des négociants contre le détaillant, un droit exceptionnel qui touche à sa liberté, s'il est dans l'impuisssance de remplir ses engagements, tandis qu'il se trouve dépourvu de tout moyen énergique contre les acquéreurs de ses marchandises dont le recouvrement peut seul lui permettre de tenir ses obligations.

Là n'est pas l'unique inconséquence existante : de plus criants abus sont possibles : Un propriétaire, par exemple, vend son blé à un boulanger qui le règle de cette vente en un ou plusieurs effets que le bénéficiaire passe à un tiers : le boulanger, au moyen du même blé, fabrique du pain qu'il vend au propriétaire : surviennent et l'échéance des effets souscrits et celle des époques auxquelles le propriétaire doit acquitter son mémoire de fournitures. Il arrivera, en supposant que le propriétaire ne paie pas et que le boulanger ne puisse payer, cette étrange inégalité que ce dernier sera, par le fait de son propre débiteur, sous le coup d'une action prompte et infaillible, tandis qu'il n'aura contre ce débiteur, c'est-à-dire contre l'homme qui aura consommé les marchandises dont le défaut de paiement menace sa liberté, qu'une action tardive et souvent impuissante.

De cette position faite au détaillant, proviennent en une foule de circonstances, l'inexécution de ses engagements, et, eu égard à l'enchevêtrement d'intérêts que nous avons signalé, une perturbation fâcheuse dans le crédit public et les opérations commerciales.

Bien plus, ces inconvénients privent tous les négociants engagés dans l'affaire du succès de leur spéculation.

En passant effectivement par les diverses mains intermédiaires, les produits n'y laissent que l'espoir d'un bénéfice réalisable après encaissement, et si le détaillant qui a eu, en dernier lieu, la disposition des marchandises, n'en peut recouvrer le prix, faute d'un recours légal, il en résulte forcément que l'opération demeure stérile, si elle ne ruine même deux ou trois des négociants qui y auront participé.

Ne serait-il pas de toute justice qu'on obviât à cette insuffisance de la loi, et que par l'action de la contrainte, on donnât contre le consommateur au petit marchand, une arme identique à celle dont ses co intéressés peuvent se servir contre lui ?

Ce premier pas en nécessiterait un second : on conçoit, par un enchaînement logique, que le rentier qui consomme a besoin pour solder ses fournisseurs de rentrer lui-même dans son propre dû ; pour payer, il faut qu'on le paie, et par conséquent qu'on lui accorde contre un débiteur récalcitrant ou de mauvaise foi les moyens d'action que le marchand devrait avoir la faculté de diriger lui-même contre sa personne.

Vainement, objecterait-on que le détaillant est tenu de se renseigner exactement avant de livrer ses marchandises au consommateur; que, le petit rentier, qui place ses fonds à intérêt, doit prendre ses précautions et se couvrir d'une garantie: ce qui paraît simple en théorie devient illusoire dans la pratique.

Nul n'ignore que (dans les grands centres de population, du moins) c'est sur les dehors et le train de maison que se fonde le crédit d'un individu : le marchand, qui vend une robe ou un châle, ne saurait réclamer de son client, la vérification de ses titres de propriété ou la consignation d'une garantie, une telle exigence étant de nature à rendre toute affaire impossible, et à frapper de mort le commerce.

Nous venons de dire que ces apparences décidaient presque seules de la confiance du fournisseur ; ajoutons qu'elle est très souvent trompée.

Nous pourrions citer de hauts personnages qui se trouvent incessamment exposés aux poursuites de leurs fournisseurs, épicier, boucher, boulanger, etc. Toutefois comme la fortune de ces débiteurs consiste en valeurs de portefeuille, en biens dotaux, ou en majorats dont le capital et les revenus sont insaisissables ; comme beaucoup d'entr'eux sont, en outre, ou séparés de biens ou possesseurs sous des noms étrangers, les poursuites ont pour unique résultat d'augmenter le chiffre de la dette, et, faute de moyens légaux pour se faire payer, le malheureux détaillant encourt alors la prison ou la faillite.

Un tel tableau, dont il serait aisé de mettre en relief toutes les nuances, montre d'une manière invincible, à notre avis, que la contrainte par corps en matière civile, a sous le rapport des facilités du crédit et de la sécurité des transactions, une positive opportunité.

Voyons, maintenant, s'il n'en serait pas de même sous le côté purement moral.

On admet la contrainte en cas de stellionnat, de réintégrande, de dépôt nécessaire, parce que, dit-on, s'il n'y a pas eu délit, il y a eu du moins indélicatesse de la part d'un débiteur, qui a emprunté sur des garanties qu'il savait n'être pas libres, ou de la part d'un vendeur qui a aliéné des biens ne lui appartenant pas, ou, enfin, de celle d'un dépositaire qui a usé des fonds, qu'en raison de sa position, on avait été dans la nécessité de lui confier.

Une semblable rigidité est très-certainement de toute justice, et l'on ne saurait qu'approuver le sacrifice qu'en cette circonstance la loi fait de la liberté personnelle ; mais si l'on trouve à ces rigueurs, autant d'équité que de prévoyance, on doit également reconnaître que l'acheteur, qui se procure des marchandises en promettant de les payer à terme, et qui pour capter la confiance du négociant, lui laisse supposer pour siennes des valeurs dont il n'est point le possesseur véritable ; que l'individu avec lequel on se trouve exposé à se rencontrer dans le monde et qui profite de cette connaissance superficielle pour vous demander, au moment où le service ne peut en quelque sorte se refuser, une somme qu'il sait à l'avance ne pouvoir vous rendre ; que ces deux espèces d'hommes ne sont pas plus intéressants, plus dignes d'impunité que les stellionnataires, et que le dol, également répréhensible, également caractérisé, réclame de la loi les mêmes moyens de coërcition.

En effet, verbalement ou tacitement, ces individus ont trompé le fournisseur ou le prêteur sur leur situation matérielle : ils ont fait d'une fortune fictive un gage pour les obligations qu'ils contractaient ; gage sans lequel le négociant n'aurait pas abandonné sa marchandise, ni le prêteur livré son argent. Nous pensons même que la contrainte par corps est plus urgente dans les cas de ventes par un détaillant, de prêt, de remise faite à la main ou sur billet, que dans ceux prévus de stellionat, car dans la première hypothèse, le fournisseur, ainsi que nous l'avons démontré, est forcé de s'en rapporter aux apparences, tandis que dans la seconde, presque toujours l'acquéreur ou le prêteur sont à même de vérifier la sincérité des déclarations, soit par les titres, soit par les ressources du système hypothécaire.

La contrainte par corps est le seul procédé susceptible d'intimider ces variétés de débiteurs, la seule arme à leur opposer ; ce qu'il nous est donné du reste d'apprécier tous les jours ; car quand un individu, non classé comme négociant, figure sur un acte, et que le tribunal de commerce est appelé à prononcer, le seul but auquel tendent alors ces débiteurs est de se faire décharger de la contrainte par corps, sachant bien que la condamnation pour le reste sera une lettre morte qui ne les atteindra pas.

Ce serait donc faire entrer plus avant encore la morale dans la loi que d'y introduire cette disposition.

Telle qu'elle existe dans nos codes, la contrainte, au moins dans sa lettre, semblerait devoir tourner contre ceux au profit desquels elle est établie, puisqu'elle donne contre eux, et sans réciprocité, action aux créanciers civils.

A la vérité, ce moyen demeure à peu près stérile, quand il est dirigé contre un négociant. De deux, choses l'une : ce négociant est solvable ou il ne l'est pas. S'il est en position de payer, il ne se laisse point poursuivre ; s'il est impuissant à se liquider, il arrête les poursuites par le dépôt de son bilan et la déclaration de faillite. Mais, on ne saurait trop le répéter, presque toujours il se voit réduit à cette humiliante extrémité, faute de moyens efficaces pour réaliser ses propres ressources, et par suite de l'action expéditive qu'on peut diriger contre lui.

Quoiqu'il en soit, étendre sans restriction la contrainte aux matières civiles serait rendre, suivant nous, un service majeur à tous ceux qui vivent du commerce, du travail et de l'industrie ; établir sur de plus solides bases le crédit public ; et mettre un terme à de honteuses spéculations, à des vols impunis, qui enseignent à une partie de la société le mépris de la foi jurée et celui des lois qui en autorisent la violation.

CHAPITRE VI.

Si nos arguments n'ont pas fait défaut à nos convictions, on a dû voir que les reproches adressés à ce procédé judiciaire n'avaient absolument pour point de départ que des préjugés.

Nous avons démontré que pour 80,000 condamnations prononcées par la justice, il ne s'exécute point à Paris, en y comprenant les étrangers, les faillis, les stellionataires et autres, plus de 400 incarcérations : — une sur deux mille.

De tels chiffres montrent combien la crainte de l'emprisonnement est puissante sur le débiteur de mauvaise foi qui, sans attendre même l'accomplissement de la contrainte, se libère ou entre en accommodement avec son créancier: ce résultat méritera encore plus d'attention si l'on songe que ceux des débiteurs qui laissent, en général, le jugement suivre son cours, sont les plus récalcitrants ou les plus dénués de ressources.

Les contractants incarcérés restent peu à la prison pour dettes, car si le temps d'emprisonnement est, aux termes de la loi, de trois mois à cinq ans, la durée moyenne de la détention n'est de fait que de cinquante à soixante jours ; ce qui conduit à conclure que le débiteur arrêté s'exécute presqu'aussitôt après sa séquestration, soit en acquittant les sommes dûes à son créancier, soit en lui faisant accepter des garanties.

Il n'y a, enfin, rien de téméraire à assurer que si la contrainte par corps n'existait pas, les six dixièmes des créances à l'égard desquelles elle peut s'exercer, demeureraient *irrecouvrables*. Cette supposition s'est, du reste, convertie en réalité positive, à la suite du décret de suspension promulgué en 1848 par le gouvernement provisoire. Les récupérations étaient pour ainsi dire devenues nulles ; et si vicieuse que soit dans sa contexture, si difficilement praticable que soit dans ses dispositions la loi de 1848, elle a cependant concouru efficacement à hâter la liquidation de l'arriéré.

Or, quels résultats n'eût-on pas été en droit d'attendre si la loi élargie avait armé les créanciers contre une foule de débiteurs sans caractère commercial officiel apparent, et qui doivent à leur position mixte d'échapper à la contrainte, tel, malheureusement, que la législation actuelle l'a déterminée.

C'est d'ailleurs, dans son essence morale, que ce moyen de co-action puise sa plus grande force : la contrainte, en effet, n'a lieu qu'*in extremis*, alors que le débiteur n'est pas discutable dans ses biens, car, si ce dernier parait avoir des ressources, le créancier, on le conçoit, préfère suivre une action plus sûrement efficace et moins dispendieuse : la *saisie*.

Cette saisie elle-même n'est que très-rarement menée à fin, le débiteur usant, dans ce cas, de tous les moyens possibles pour arrêter la criée de ses meubles, non à cause de leur valeur propre, mais par peur du discrédit que le scandale lui infligerait. Il est, qui plus est, aidé en ceci par son créancier, qui n'use qu'en dernier ressort de l'exécution mobilière ou personnelle; sachant bien qu'une vente par autorité de justice, ôte au débiteur tout crédit, et qu'une séquestration lui enlève les éléments de travail et d'influence, spécialement propres à assurer sa libération.

CHAPITRE VII.

Quels sont les hommes qu'il importe de pouvoir menacer dans leurs spéculations et atteindre dans leur liberté?

Sont-ce les commerçants, les ouvriers, les cultivateurs? Ne seraient-ce pas eux, au contraire, que la loi devrait munir de cette arme réparatrice?

Lorsqu'on prend connaissance à la prison pour dettes du registre d'écrou, on ne voit pas figurer dans ces catégories laborieuses la vingtième partie des détenus. En revanche, la majorité des incarcérés se compose de débiteurs, ou inexpérimentés, quant aux formes de la procédure, ou endurcis par l'habitude de la fraude et le maniement des affaires, qui, pour conserver leurs ressources, se résignent tout d'abord à l'emprisonnement, mais qui ne tardent point à s'en lasser, paient ou entrent en accommodement.

Beaucoup de ces individus, que la nature de la dette ou du titre livre par hasard à la juridiction commerciale, sont d'anciens hommes d'affaires ayant mal géré leurs intérêts et ceux d'autrui; des négocians faillis ou à demi-ruinés; des industriels de tout genre, livrés à des spéculations qui ne sauraient être bien exactement qualifiées ni définies; des ex-viveurs qui, par l'audace de leurs procédés ou grâce à la crédulité de leurs fournisseurs, s'efforcent de sauvegarder les derniers restes d'une fortune en partie perdue; des tripoteurs de Bourse et des agioteurs , dont la caisse est constamment ouverte pour recevoir et toujours close lorsqu'il s'agit de rembourser. Les somptueux dehors qu'ils étalent aux dépens du fournisseur primitif, sont un appât pour leurrer les autres: or, contre de tels débiteurs, la contrainte est civilement la seule action efficace.

Vainement objecterait-on que ces individus pourraient être passibles de la loi pénale: nous avons précédemment fait voir que la loi pénale étant de droit étroit, se refuse à toute élasticité d'interprétation, et n'est applicable qu'aux cas très distincts et très précis en vue desquels elle a été faite. A supposer même qu'il en fût autrement, nous ne saurions encore nous associer à cette logique sans charité et sans justice : il ne s'agit point de déshonorer le débiteur, de le faire décheoir de sa propre estime et de celle d'autrui; mais de l'amener, par une influence d'intimidation, à ne point commettre d'action blâmable; de prévenir plus encore que de réprimer.

Il est, en outre, à remarquer que l'individu, dont

les ressources sont en grande partie dissipées, est comme le malade aux dernières limites de la vie ; il y tient d'autant plus qu'il sent chaque jour ce bien s'échapper : flottant entre le désir de ne pas consommer irrévocablement sa ruine et sa tendance à satisfaire des besoins rendus impérieux par l'habitude, on doit croire que s'il était tenu d'opter entre cette double alternative, il sacrifierait ses goûts.

Malheureusement, dans l'état actuel des choses, il se rencontre un moyen terme de conserver les restes de son patrimoine, et de contenter en même temps les besoins factices dont il est devenu le tributaire ; ce moyen, c'est la confiance publique : c'est sur elle qu'il se repose pour obtenir le superflu.

Imitant l'homme taré qui, soit par la réalisation de sa fortune en valeurs de portefeuille et le coupable concours d'un ami, soit au moyen d'une séparation de biens s'il est marié, peut se livrer sans péril aux hasards de la Bourse ou à d'autres spéculations ; l'homme de luxe, ruiné à demi, met, par une frauduleuse prévoyance, tout son avoir à l'abri ; de sorte que ses créanciers, le jour venu, se trouvent en présence d'un individu légalement insolvable, et contre lequel tout recours judiciaire est illusoire.

Ne serait-il pas juste, qu'en ce cas, et dans l'impossibilté d'atteindre l'actif de ce débiteur, on pût, par la contrainte corporelle, l'amener à composition en le menaçant dans sa liberté ?

La situation qui vient d'être décrite, et qui appartient aux plus ordinaires réalités, est un des mauvais côtés de la civilisation, et c'est dans les lieux mêmes où cette civilisation fait surtout sentir son influence qu'un pareil état de choses se produit sous son aspect le plus dangereux : tel est fréquemment, comme nous l'avons indiqué déjà, le résultat de l'agglomération sur un seul point de populations pressées, puisqu'au sein de cette foule l'isolement devient facile, les mouvements restent libres, l'existence est secrète, la fraude se dissimule ; et les arrêts de l'opinion sont éludés.

Dans nos campagnes, parmi la classe utile et si respectable des travailleurs, on ne connaît ni on ne redoute la contrainte par corps : son application y serait d'autant moins nécessaire que les populations rurales, sachant au prix de quels durs labeurs l'argent s'acquiert, en sont peu prodigues. Leur vie étant incessamment occupée, ils n'ont ni les occasions de dépenses, ni la possibilité de plaisirs coûteux qui conduisent dans les villes bon nombre d'individus à des habitudes de dissipation, et sont pour eux, dans un temps plus ou moins long, une cause inévitable de ruine.

Quant à l'ouvrier des villes, il ne pourrait, en eût-il la volonté, se livrer à des dépenses interdites par sa position ; car, chacun le sait, son avoir consiste dans son travail : ses moyens d'existence sont connus ; s'il venait à franchir la borne dont la nécessité lui fait une loi, son salaire pourrait être saisi par les créanciers, ce qui lui enlèverait en même temps ses ressources et le crédit qui les alimente et les perpétue.

Parmi les populations rurales, l'obstacle à la fraude est plus insurmontable encore ; l'existence y étant absolument publique, et le créancier ayant tout pouvoir puisque tout se trouve en quelque sorte à sa merci.

On conçoit, du reste, que la contrainte par corps n'ayant pour but que de forcer l'homme de mauvaise foi à user des ressources secrètes qu'il possède, le créancier puisse, là où toutes les positions sont à découvert, faire directement cette exécution, et que la contrainte, par là même, perde en partie de son utilité.

En définitive, le genre de vie du travailleur, les moyens d'action dont on dispose à son égard, l'impuissance où il se trouve de dépenser au-delà de ce qu'il gagne ou économise, développent en lui des tendances paisibles, régulières et modérées, qui lui permettent de s'assurer, avec de petits bénéfices accumulés, une aisance honnête pour ses vieux jours, d'élever et d'établir profitablement ses enfants, appelés à leur tour à devenir les instruments de la prospérité nationale, l'honneur du pays.

Mais si, comme le démontrent les considérations qui précèdent, la contrainte par corps n'a guère à intervenir au sein de ces existences occupées; une fois admise pleinement en matière civile, elle ne pourrait manquer de venir puissamment en aide à la sécurité des travailleurs, des producteurs et des commerçants, dont elle couvre et garantit les intérêts.

J'entends quelques voix se récrier et prétendre que la contrainte par corps ainsi étendue, serait un passeport donné pour Clichy aux fils de famille, à la grande joie et au grand avantage de l'usure.

Mais d'abord définissons les mots.

Qu'est-ce qu'un fils de famille?

Si l'on entend désigner ainsi cette foule de lions qui consacrent leurs journées à des filles perdues, leurs nuits aux émotions fiévreuses du tripot; qui s'énorgueillissent de leur oisiveté comme d'une vertu, et qui, après une vie improductive, ruineuse, dégradante, s'adonnent à des industries suspectes et parfois coupables; professent le lansquenet ou le baccarat, et consacrent la dernière partie de leur existence à escroquer à de pauvres et ignorantes dupes la fortune qu'ils n'ont pas su eux-mêmes conserver; si c'est à cette classe énervée, vile, et comme glorieuse de son abjection, que ce mot s'applique, j'avoue mon peu d'intérêt pour ces hommes dissipés, condamnés d'avance à une ruine inévitable, à une honte certaine. On m'accordera, dans tous les cas, que la sympathie qu'ils peuvent inspirer n'est point assez puissante pour qu'on ait le droit de priver d'une action profitable et de légitimes garanties l'intéressante classe des travailleurs.

Notons, en outre, que le nombre de ces jeunes raffinés, fanfarons de vices et proies de la spéculation, tend journellement à décroitre: l'usure s'en va : le prêteur d'argent n'existe plus qu'à l'état de mythe. Tous les hommes à la ruine desquels le public assiste laissent, en grande partie, leur fortune dans les affaires industrielles, à la Bourse ou à Tortoni ; ils font, en quelque sorte, de la haute école, et n'hésitent pas, quand ils se trouvent en perte et que l'agent de change trop confiant s'est mis à découvert pour leur compte, de laisser les différences à sa charge, et d'invoquer en justice la nullité de la cause, base de leur dette, bien, que, la veille, ils aient, peut-être, encaissé une différence qui leur profitait.

Les relevés statistiques ne portent le chiffre des

écrous pour lettres de change qu'à un quatorzième des détenus, âgés de vingt-un ans à trente.

En admettant que le nouveau système eut pour effet d'accroître, dans cette catégorie, le nombre des contraignables, il ne favoriserait pas du moins l'usure, car la législation actuelle procure à cette dernière des moyens sûrs et multipliés d'action.

En effet, nul préteur, n'ignore que ses débiteurs, polis et charmants, lorsqu'il s'agit pour eux d'obtenir un emprunt, le traiteront avec dureté et lui susciteront, à l'heure du remboursement, toutes les difficultés imaginables. Assuré de ce résultat, il s'en garantit en exigeant du contractant des titres d'une irréprochable régularité, et qui à moins de circonstances tout exceptionnelles, ne permettent pas au débiteur de se soustraire à la contrainte.

En certain cas, l'usurier va plus loin même ; dans la crainte que son emprunteur ne trouve une issue pour échapper à la contrainte par corps, il l'amène à se rendre, en créant un faux, justiciable de la Cour d'assises.

L'extension qu'on apporterait à l'application en matière civile de ce moyen coërcitif, ne changerait donc rien à la situation existante, et, contrairement aux craintes exprimées, n'accroîtrait pas les périls dont la loi menace cette catégorie des débiteurs, elle leur profiterait même en ce sens qu'elle ne nécessiterait plus les moyens criminels auxquels ils ont quelquefois recours.

Au surplus, les pères de famille, qui sont trop souvent comptables de l'inconduite de leurs enfants, soit par les mauvais exemples qu'ils leur donnent, soit par la négligence qu'ils mettent à la direction de leurs études et de leur jeunesse, ont, en les pourvoyant d'un conseil judiciaire, la possibilité de sauvegarder matériellement et moralement leur avenir.

A ce propos, je ferai toutefois remarquer que si le conseil judiciaire est un frein pour la prodigalité de l'individu, un obstacle à ses entraînements, une barrière qui protège le bien des familles, il comporte pour les tiers de sérieux inconvénients, et cause un grave préjudice aux transactions.

Dans les relations continuelles de la vie et les rapports commerciaux, on ne saurait avoir, comme dans l'étude d'un notaire, le registre des individus pourvus d'un conseil : l'incapacité du débiteur n'est pas écrite sur son front, et bien des personnes honorables peuvent, par suite, devenir victimes de leur ignorance.

De plus, le débiteur incapable qui, sans divulguer sa position, fait à crédit des achats considérables ou contracte un emprunt qu'il ne rembourse pas, ne commet point un délit qu'atteigne la loi pénale.

Les facilités qu'une telle situation procure à la fraude, et les périls auxquels elle expose la bonne foi exigent dès lors que si le créancier est impuissant à saisir les biens de l'incapable, il ait du moins action sur sa liberté et puisse le tenir séquestré pendant un laps de temps proportionné au chiffre de la créance.

Ou nous nous trompons fort, ou il y aurait là un abri puissant pour l'intérêt des tiers, un frein salutaire et une efficace intimidation pour les individus pourvus d'un conseil, puisque leur personne, à défaut de leur fortune, cautionnerait alors leurs promesses et répondrait de leurs engagements.

CHAPITRE VIII.

RÉSUMÉ ET CONCLUSION.

On rencontre, dans toute société, deux sortes de gens, — les conservateurs, c'est-à-dire ceux qui ont acquis et qui possèdent, — les révolutionnaires, c'est-à-dire des hommes toujours dangereux, soit par leurs utopies, s'ils sont animés d'intentions honnêtes, soit par leur cupidité s'ils n'ont d'autre but que de s'enrichir.

Dans cette dernière classe s'agglomèrent les ambitieux, les intrigants, les individus ruinés, perdus de dettes, sans crédit, sans lendemain, vivant au jour le jour d'équivoques combinaisons, d'industries suspectes; escrocs du grand monde, ayant une intelligence naturelle ou développée par l'éducation, qui voient une proie dans la société, connaissent parfaitement la limite tracée entre le droit civil et le droit pénal; s'établissent de préférence dans les grandes villes où l'ombre s'étend plus complètement sur les existences; s'en prennent à la fortune publique lorsqu'ils cessent de pouvoir atteindre les fortunes privées, et accumulent autour d'eux les catastrophes et les ruines.

Evidemment, cette immorale exploitation, qui remonte de l'individu à l'Etat, ne pourrait s'établir si l'homme, au début de sa vie spéculative, savait que ses biens et sa personne sont, en toute transaction, la caution de sa loyauté. Elle n'existerait pas, car les appétits déréglés que la jouissance développe et stimule, et qui, sous la pression de nécessités artificielles, le conduisent insensiblement à des actions répréhensibles, sont innés rarement en lui ou n'y sont, du moins déposés qu'à l'état de germe. Sentant les dangers de l'inexactitude, placé sous le coup de la loi, privé de tout moyen d'éluder la pénalité, il s'engagerait moins aisément, ne le ferait surtout qu'en proportion de ses ressources, restreindrait prudemment ses dépenses, les équilibrerait avec son avoir, s'accoutumerait progressivement à l'ordre, à la circonspection, à l'économie. En supposant son patrimoine insuffisant, la nécessité lui faisant sentir les bienfaits et l'utilité du travail, il se créerait, par lui même, en s'y livrant, une certaine aisance ; puis bientôt guidé par l'instinct qui porte, en général, les hommes à mettre un grand prix à ce qu'ils possèdent, alors surtout que cette possession est le fruit de leurs propres labeurs, il donnerait l'exemple d'une probité sévère et serait invinciblement rallié aux idées de conservation.

C'est ainsi que par l'effet inévitable d'une disposition nouvelle ajoutée à nos codes, on réussirait suivant nous, à faire pénétrer dans nos villes cet amour profond et pour ainsi dire organique de la tranquillité que nos campagnes ont gardé, puissant et intact, dans les plus mauvais jours révolutionnaires de notre histoire : ainsi disparaîtraient, ou perdraient du moins leur influence nuisible, ces ténébreux spéculateurs, ces débiteurs insolvables, ces escrocs travestis, qui comme autrefois à Rome, n'ayant qu'à gagner aux bouleversements, se tiennent à l'affut des circonstances propres à les faire naître : gens d'autant plus à craindre que possédant les séductions extérieures, la hardiesse du langage, l'audace des résolutions, ils en imposent aux masses, les détournent de leur vrai but, et les jètent, pour un profit tout personnel, dans des excès qui souilleraient les revendications les plus légitimes.

Toutes les révolutions nous ont montré, investis d'éminentes fonctions publiques, des hommes criblés de dettes et perdus d'honneur. Inhabiles à conserver, ces individus sont perpétuellement en quête de positions nouvelles et, par une conséquence nécessaire, toujours mêlés aux commotions politiques.

Ce fait nous a été récemment confirmé par un ancien greffier de la prison pour dettes, chargé en 1851 et 1852 de la direction des détenus politiques, et qui aurait retrouvé dans les casemates de Bicêtre bon nombre de ses pensionnaires de la rue de Clichy.

En résumé, de mures réflexions, d'attentives études, une longue connaissance pratique de l'esprit des créanciers et des débiteurs, nous ont pleinement convaincu que la contrainte par corps constitue, en matière civile comme en matière de commerce, un mode d'action, compatible avec nos besoins et nos mœurs ; un mode de crédit, compris et préconisé par les hommes spéciaux ; un moyen de prévenir, et, s'il le faut, de réprimer des faits attentatoires à la probité ; d'introduire chez nous cet inviolable respect des lois, qui fait, la force d'un pays voisin, et de déraciner la tendance à l'agitation qui a été si longtemps le fléau du nôtre.

Aujourd'hui, enfin, que la France se trouve placée sous l'égide d'un pouvoir jeune et vigoureux, qui ne craint pas d'attaquer en face les vieux préjugés et les lois stériles, pour les remplacer par des mesures rationnelles et fécondes; qui protège, par ses actes et par son esprit l'intéressante classe des travailleurs, et tend à extirper du cœur des masses les derniers instincts révolutionnaires, nous exprimons le vœu qu'un projet de loi, prochainement élaboré, vienne faire, en toute matière, de la contrainte par corps la base de notre droit commun.

Paris, — Imprimerie BUREAU et Ce, rue Gaillon, 14.

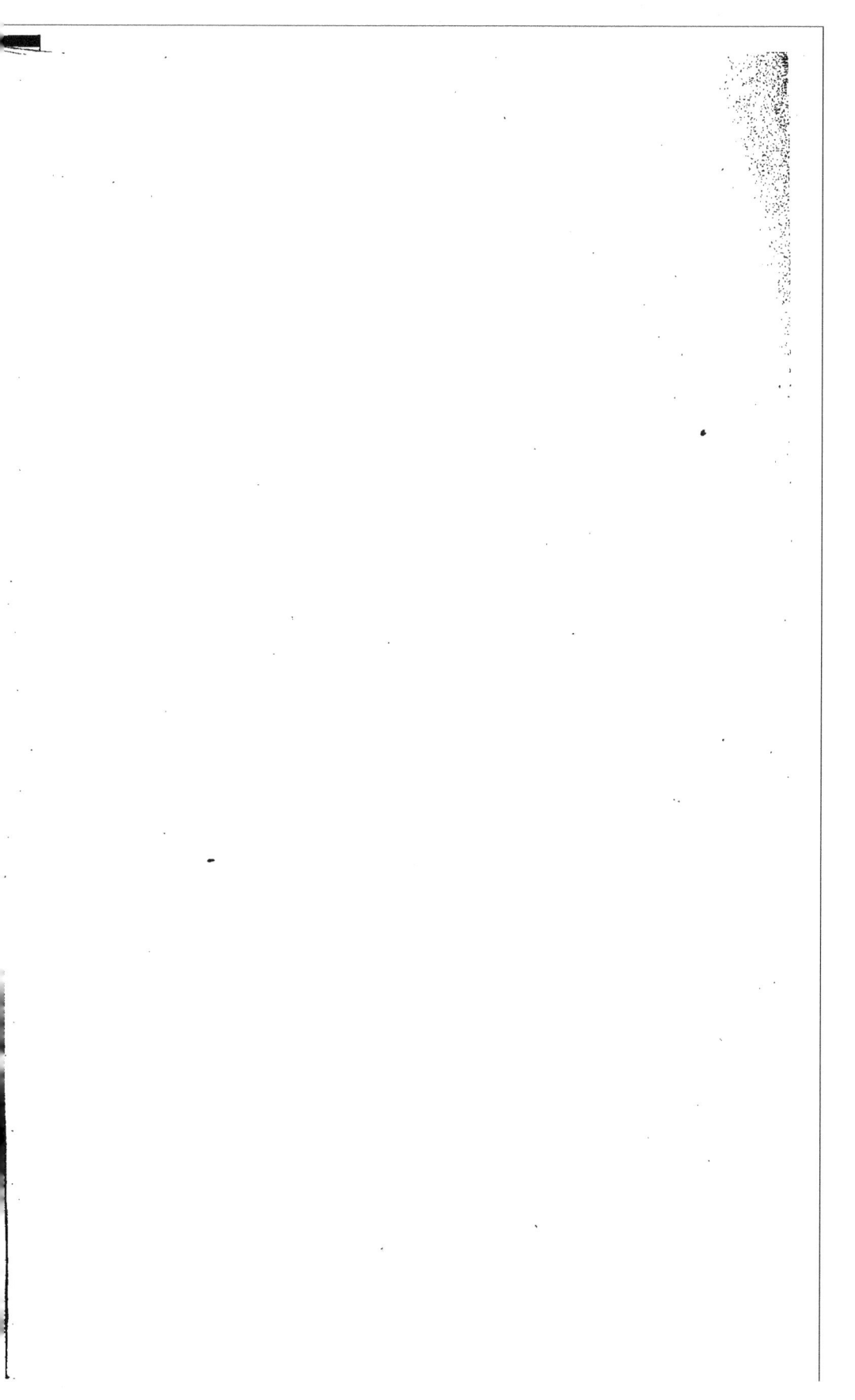

www.ingramcontent.com/pod-product-compliance
Lightning Source LLC
Chambersburg PA
CBHW050525210326
41520CB00012B/2435